AF563064

DISCOURS

Prononcé en l'Église Saint-Pierre-de-Chaillot

Le 6 Octobre 1880

Par l'abbé ACHILLE MEULEY

VICAIRE A NOTRE-DAME-DE-BONNE-NOUVELLE

Pour la célébration du Mariage

DE

Monsieur ALFREDO PEREIRA DA SILVA PORTO

ET DE

Mademoiselle ANTONIETA LLOREDA MACIA

HEUREUSEMENT UNIS

PARIS
IMPRIMERIE CENTRALE DES CHEMINS DE FER
A. CHAIX ET Cie
RUE BERGÈRE, 20, PRÈS DU BOULEVARD MONTMARTRE
1880

DISCOURS

Prononcé en l'Église Saint-Pierre-de-Chaillot

Le 6 Octobre 1880

Par l'abbé **ACHILLE MEULEY**

VICAIRE A NOTRE-DAME-DE-BONNE-NOUVELLE

Pour la célébration du Mariage

DE

Monsieur ALFREDO PEREIRA DA SILVA PORTO

ET DE

Mademoiselle ANTONIETA LLOREDA MACIA

HEUREUSEMENT UNIS

PARIS

IMPRIMERIE CENTRALE DES CHEMINS DE FER

A. CHAIX ET Cie

RUE BERGÈRE, 20, PRÈS DU BOULEVARD MONTMARTRE

1880

Mon cher Frère et ma chère Sœur,

Il est, dans la vie, deux époques principales dont le souvenir mérite de rester profondément gravé dans le cœur, parce qu'elles rappellent deux événements qui ont, l'un et l'autre, une action décisive sur notre vie tout entière.

Le premier de ces deux événements, — ai-je besoin de le rappeler? — c'est le don volontaire et solennel que nous faisons de notre âme à Dieu le jour de notre première Communion, à un âge où notre volonté, déjà maîtresse d'elle-même, ratifie la foi et la soumission à Dieu, promises en notre nom par ceux qui nous ont tenus sur les Fonts du Baptême.

Ceux auxquels il arrive, avec le temps, et par une négligence coupable, de rompre avec ce passé aux souvenirs si calmes et si doux, sont forcés, du moins, d'avouer que, loin de Dieu, leurs joies ne sont pas complètes et que, sans sa grâce, leurs devoirs ne sont jamais remplis comme ils le devraient. Mais aussi, pour ceux qui ont le bonheur de comprendre qu'en dépit des préjugés d'un monde ignorant, la religion seule élève les âmes à la hauteur des devoirs que nous impose la vie sociale, la paix, la force et la vertu protègent leur cœur, et contre les défaillances intimes et contre les épreuves du dehors.

Le second événement, d'où dépendent également et notre bonheur et notre prospérité sur la terre, est l'acte qui vous amène, en ce moment, au pied des saints autels.

Le mariage chrétien est une des institutions divines les plus touchantes. Il révèle, à la fois, l'harmonie que Dieu a établie dans la création et sa sollicitude pour tout ce qui touche à l'âme humaine.

Les païens ne voyaient dans le mariage qu'un moyen facile de satisfaire leurs passions, quand ils ne le regardaient pas comme un lien onéreux. Leurs unions étaient sans dignité. Ils avaient méconnu la noblesse et la délicatesse du cœur humain pour en faire le foyer de tous les vices.

Pour nous, éclairés des lumières surnaturelles de la foi, nous savons tout ce que Dieu a renfermé de tendresse et de sollicitude dans l'institution sainte du mariage. Il veut que deux âmes créées à son image trouvent, dans l'union intime du foyer, la paix, la force, la consolation et l'amour :

La paix, dans l'ordre établi dès l'origine pour la multiplication du genre humain;

La force, par la lutte à deux contre les épreuves et les assauts de la vie ;

La consolation, par une tendresse réciproque qui aide à supporter tous les genres de souffrance;

L'amour enfin, par cette pénétration intime de deux vies tendant au même but.

Notre Seigneur Jésus-Christ a élevé cette institution divine à la dignité de sacrement, parce qu'il veut voir sanctifiés dans leur source tous ceux qu'il appelle à être un jour les enfants de son Église.

Ce Sacrement, vous allez le recevoir. Attirés par une mutuelle sympathie, vous avez résolu d'unir vos existences, pour mettre en commun vos douleurs et vos joies, vos plaisirs et vos peines; et vous venez demander à Dieu qu'il vous accorde sa grâce, en confirmant votre résolution.

Démarche importante, résolution solennelle, dont la pensée a, plus d'une fois, fait battre vos cœurs et émeut, en ce moment, vos parents et vos amis venus ici pour être les témoins de ce grand acte de votre vie, et pour demander aussi à Dieu, avec nous, qu'il répande sur votre union des bénédictions que vous saurez mériter.

Vous, mon cher Frère, élevé par une mère chrétienne qui a fait un long voyage pour venir prendre part à votre bonheur, soutenu par l'affection d'un second père qui vous aime comme son propre fils, encouragé par la présence d'un frère qui partage toutes vos joies et dont la famille est la vôtre, instruit par votre propre expérience, vous comprenez admirablement l'étendue et l'importance des engagements que vous allez prendre.

La jeune personne qui va s'asseoir à votre foyer se recommande à votre estime, à vos égards et à votre affection par une piété sincère, un cœur tendre et généreux, une instruction solide et des talents qui embellissent la vie. Vous lui donnerez, en échange des qualités de son cœur et de son esprit, une âme noble et fortement trempée pour le bien. C'est de vous surtout qu'il dépend d'établir cette harmonie si belle qui fait que deux âmes ont les mêmes pensées, les mêmes goûts, les mêmes volontés. Par une condescendance toute chrétienne et un cœur profondément bon, vous saurez lui rendre léger le joug que lui imposeront ses devoirs d'épouse. Vous l'aimerez comme une autre vous-même, à l'exemple de l'amour que Jésus-Christ porte à son Église, et votre tendresse aura ce caractère du dévouement absolu qui fait que l'on aime à se sacrifier pour être toujours assuré de plaire. Car l'affection constante d'une épouse est pour l'époux la plus douce récompense et la plus efficace consolation.

Pour vous, ma chère sœur, qui allez vous arracher aux joies d'une famille qui vous aime tendrement, cette séparation ne sera pas sans vous coûter des larmes. Vous penserez à cette bonne mère si aimante et si pieuse, qui a entouré votre enfance de tant de tendresse et de soins, et qui, tous les jours, a demandé à Dieu de couronner l'œuvre qu'elle a entreprise en se consacrant à votre éducation.

Votre père si intelligent, si actif, si laborieux, trouvait auprès de vous le repos des soucis et du tracas des affaires. Vous ne serez plus là matin et soir pour lui donner les preuves de votre tendresse filiale, et ce n'est pas sans regrets qu'il vous voit accomplir la loi sainte : « L'épouse quittera son père et sa mère pour s'attacher à son époux. »

Vos amis, et je suis du nombre, vous entourent de leur intérêt et de leur vive affection. Ils forment des vœux pour votre parfait bonheur. N'est-ce pas là pour vous une grande consolation ? En ouvrant votre cœur à ce sentiment impérieux que l'on nomme l'amour conjugal, la piété filiale, la reconnaissance et l'amitié conserveront dans votre âme la place qui leur convient.

Vous allez contracter des engagements sérieux, mais vous êtes soutenue par cette pensée qu'avec la grâce de Dieu vous avez trouvé un bras pour vous protéger et un cœur qui s'efforcera de suppléer à toutes les autres affections.

Courage donc, ma chère Sœur ! Du reste, vous continuerez de pratiquer toutes les vertus que l'on vous a fait aimer dès l'enfance. Vous conserverez précieusement la piété qui a gardé et réjoui votre jeunesse. La piété, dans l'épouse, n'exclut ni la tendresse, ni la soumission; elle n'affranchit d'aucun devoir. Mais elle appelle, chaque jour, les bénédictions de Dieu sur une union qu'il a sanctifiée dès son principe ; elle inspire le courage et la force nécessaires dans toutes les circonstances de la vie; elle protège contre l'entraînement des fausses joies et le découragement des tristesses inévitables.

A la piété vous allierez la charité. Le cœur de l'épouse s'ouvre à la tendresse ; il est juste que cette tendresse s'étende un peu à tous ceux qui souffrent et sont dignes d'intérêt. Du reste, pour vous, le passé répond de l'avenir. Votre cœur restera toujours bon et généreux.

Mon cher Frère et ma chère Sœur, mettez en ce moment sous la protection toute-puissante de Dieu et votre résolution et vos rêves d'avenir; confiez à sa Providence vos destinées et l'accomplissement de vos devoirs.

Qu'il est beau de voir deux âmes vivant de la même vie puiser à la même source leurs inspirations et leurs actes! C'est l'harmonie divinement établie, c'est un spectacle qui réjouit le Ciel et console la terre. Nous tous, qui sommes ici les témoins de vos engagements et de votre bonheur, nous conservons l'espérance qu'il en sera toujours ainsi, afin que la joie et la prospérité récompensent sur la terre l'union de deux âmes que Dieu couronnera dans le ciel.

Ainsi soit-il !

ACHILLE MEULEY.

IMPRIMERIE CENTRALE DES CHEMINS DE FER. — A. CHAIX ET Cie,
RUE BERGÈRE, 20, A PARIS. — 22930-0.

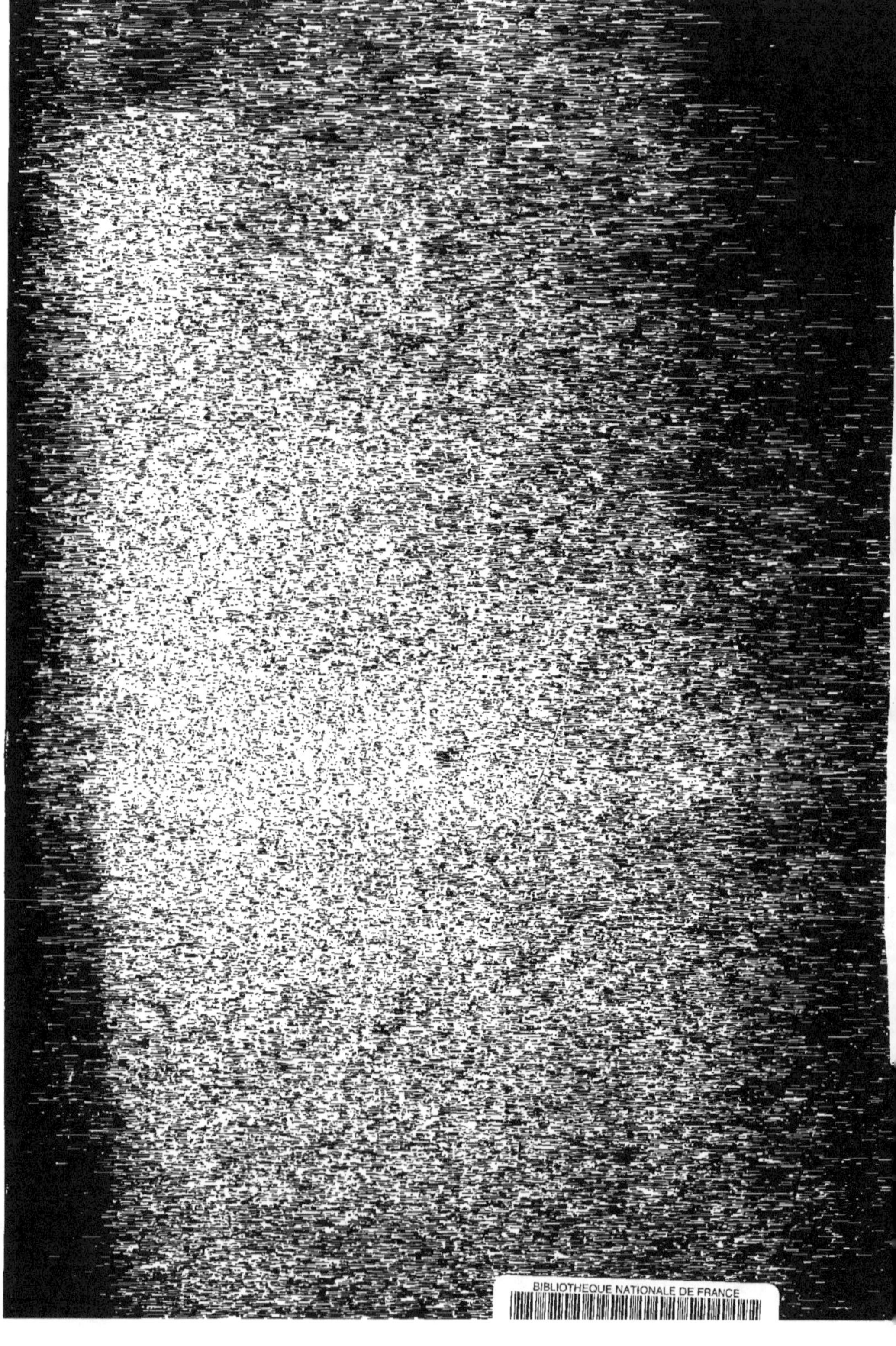

www.ingramcontent.com/pod-product-compliance
Lightning Source LLC
LaVergne TN
LVHW010259230826
846091LV00007B/3049

* 9 7 8 2 0 1 1 7 5 7 2 0 3 *